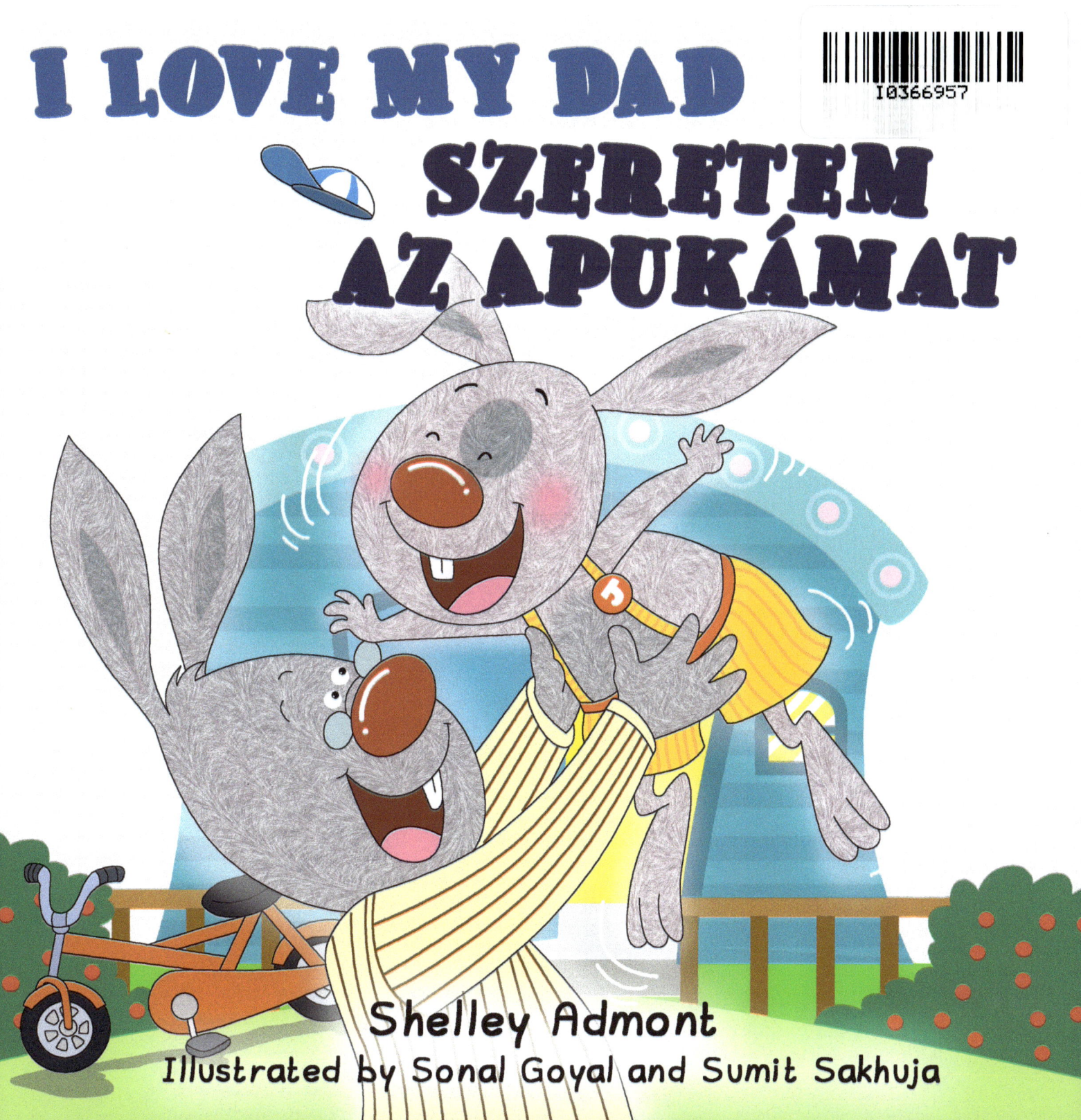

www.kidkiddos.com
Copyright©2015 by S.A.Publishing ©2017 by KidKiddos Books Ltd.
support@kidkiddos.com

All rights reserved. No part of this book may be reproduced in any form or by any electronic or mechanical means, including information storage and retrieval systems, without written permission from the publisher or author, except in the case of a reviewer, who may quote brief passages embodied in critical articles or in a review.
Minden jog fenntartva.
Second edition, 2019

Translated from English by Anita Estes
Angolról fordította Anita Estes

Library and Archives Canada Cataloguing in Publication
I Love My Dad (Hungarian Bilingual Edition)/ Shelley Admont
ISBN: 978-1-5259-1801-8 paperback
ISBN: 978-1-77268-937-2 hardcover
ISBN: 978-1-77268-935-8 eBook

Please note that the Hungarian and English versions of the story have been written to be as close as possible. However, in some cases they differ in order to accommodate nuances and fluidity of each language.

For those I love the most–S. A.

Azoknak, akiket a legjobban szeretek–S.A.

One summer day, Jimmy the little bunny and his two older brothers were riding their bicycles. Their dad sat in the backyard, reading a book.

Egy szép nyári napon Jimmy, a kis nyuszi és két bátyja bicikliztek. Apa a kertben ült és egy könyvet olvasott.

The two older bunnies laughed loudly as they raced. Jimmy tried to catch up on his training wheel bike.

A két idősebb nyuszi hangosan nevetgélt, ahogy versenyeztek. Jimmy megpróbálta utolérni őket pótkerekes biciklijén.

"Hey, wait for me! I want to race too!" Jimmy shouted. But his brothers were too far away and his bike was too small.

- Hé, várjatok meg! Én is akarok versenyezni! – kiáltotta. De testvérei túl messze voltak és a kerékpárja túl kicsi volt.

Soon his brothers returned, giggling to each other. "It's not fair," screamed Jimmy. "I want to ride your big bikes too."

Testvérei hamarosan visszajöttek, egymást közt kuncogva.
– Ez nem ér! – ordította Jimmy. – Én is akarok nagy bicajon bicajozni.

"But Jimmy, you're too small," said his oldest brother.

– De Jimmy, te túl kicsi vagy – mondta a legidősebb testvére.

"And you don't even know how to ride a two-wheeler," said the middle brother.

– És nem is tudod, hogyan kell kétkerekün biciklizni – mondta a középső testvér.

"I'm not small!" shouted Jimmy. "I can do everything you can!"

– Nem vagyok kicsi! – kiáltotta Jimmy. – Meg tudok csinálni mindent, amit ti!

He ran to his brothers and grabbed one of the bicycles. "Just watch!" he said.

Odarohant testvéreihez és megragadta az egyik kerékpárt.
– Ezt figyeld! – mondta.

"Be careful!" yelled his oldest brother, but Jimmy didn't listen.

– Óvatosan! – kiáltotta legidősebb testvére, de Jimmy nem hallgatott rá.

Throwing one leg over, he tried to climb the large bike. At that moment, he lost his balance and crashed on the ground, directly into a mud puddle.

Felemelte a lábát és megpróbált felmászni a nagy biciklire. Abban a pillanatban elvesztette az egyensúlyát és lezuhant a földre, közvetlenül a sárba.

His two older brothers burst out laughing.
A két idősebb testvéréből kitört a nevetés.

Jimmy jumped on his feet and wiped his muddy hands on his dirty pants.
Jimmy talpra ugrott és beletörölte sáros kezeit koszos nadrágjába.

This just caused his brothers to laugh more.
Ez csak még jobban megnevettette testvéreit.

"Sorry, Jimmy," said the oldest brother in between laughter. "It's just too funny."
– Sajnálom, Jimmy – mondta a legidősebb testvér nagy nevetések közepette. – Ez túl vicces.

Jimmy couldn't stand it anymore. He kicked the bike and ran home with tears streaming down his face.

Jimmy nem bírta tovább elviselni. Belerúgott a kerékpárba és könnyes arccal hazafutott.

Dad watched his sons from the backyard. He closed his book and went towards Jimmy.

Apa a kertből figyelte fiait. Becsukta a könyvét és Jimmy felé indult.

"Honey, what happened?" he asked.

– Kicsim, mi történt? – kérdezte.

"Nothing," grumbled Jimmy. He tried to wipe away his tears with his dirty hands, but instead he smudged his face even more.

– Semmi – morogta Jimmy. Megpróbálta letörölni könnyeit piszkos kezeivel, de ettől az arca még maszatosabb lett.

Dad smiled and said quietly, "I know what can make you laugh…"

Apa elmosolyodott és halkan azt mondta – Tudom, mi tudna téged megnevettetni…

"Nothing can make me laugh now," said Jimmy, crossing his arms.

– Semmi sem tud engem most megnevettetni – mondta Jimmy, keresztbe téve karjait.

"Are you sure?" said Dad and began to tickle Jimmy until he smiled.

– Biztos vagy benne? – kérdezte Apa és addig csiklandozta Jimmy-t, amíg el nem mosolyodott.

Then he tickled him so much that Jimmy started giggling.

Aztán annyira megcsiklandozta, hogy Jimmy elkezdett kuncogni.

They rolled on the grass, tickling each other until they both laughed loudly.

A fűben hemperegtek, egymást csiklandova, amíg mind a ketten hangosan nevettek.

Still hiccupping from his hysterical laughter, Jimmy jumped on Dad's lap and hugged him tight.

Hisztérikus nevetésétől még mindig csuklott, Jimmy felugrott Apa ölébe és szorosan átölelte.

"I was watching you ride your bike," said Dad, hugging him back.

– Figyeltelek, ahogy bicajozol – mondta Apa, visszaölelve őt.

"And I think you're ready to ride a two-wheeler."

– És azt hiszem, készen állsz kétkerekün biciklizni.

Jimmy's eyes sparkled with excitement. He jumped on his feet. "Really? Can we start now? Please, please, Daddy!"

Jimmy szemei csillogtak az izgalomtól. Gyorsan felpattant.

– Igazán? Kezdhetünk most? Kérlek, Apa, kérlek!

"Now you need to take a bath," said Dad smiling. "We can start practicing first thing tomorrow morning."

– Most meg kell fürdened – mondta Apa mosolyogva. – Aztán holnap reggel kezdhetjük a gyakorlást.

After a long bath and a family dinner, Jimmy went to bed. That night he could barely sleep.

Egy hosszú fürdő és egy családi vacsora után Jimmy lefeküdt. Aznap este alig tudott aludni.

He woke up again and again to check if it was morning.

Újra és újra felébredt, hogy megnézze, reggel van-e már.

As soon as the sun rose, Jimmy ran to his parents' bedroom.

Amint felkelt a nap, rohant a szülei szobájába.

Jimmy tiptoed towards their bed and gave his father a little shake. Dad just turned to the other side and continued snoring peacefully.

Jimmy lábujjhegyen odaosont az ágyukhoz és gyengéden megrázta Apát. Apa csak átfordult a másik oldalára és békésen horkolt tovább.

"Daddy, we need to go," Jimmy murmured and pulled off his covers.

– Apa, mennünk kell – mormolta Jimmy és lehúzta róla a takarót.

Dad jumped and his eyes flew open.
"Ah? What? I'm ready!"

Apa tágra nyílt szemmel felugrott.
– Ah? Micsoda? Készen állok!

"Shhhh..." whispered Jimmy. "Don't wake anybody."

– Shhhh – suttogta Jimmy. – Ne ébressz fel senkit.

While the rest of the family was still sleeping, they brushed their teeth and went out.

Míg a család többi tagja aludt, ők fogat mostak és kimentek.

As he opened the door Jimmy saw his orange bike, sparkling in the sun. The training wheels were off.

Amint Jimmy kinyitotta az ajtót, meglátta narancsszinű biciklijét csillogni a napon. A pótkerekek nem voltak rajta.

"Thank you, Daddy!" he shouted as he ran to his bike.

– Köszönöm Apa! – kiáltotta, ahogy odafutott a kerékpárjához.

Dad showed him how to mount it and how to pedal. "Let's have some fun!" Dad said, putting a helmet on Jimmy's head.

Apa megmutatta hogyan kell felülni rá és hogyan kell hajtani.
– Kezdődhet a móka – mondta, és egy bukósisakot tett Jimmy fejére.

Jimmy took a deep breath, but didn't move. "Come on. I'll help you into the seat," Dad insisted.

Jimmy vett egy mély levegőt, de nem mozdult. – Gyerünk. Segítek felülni – bátorította Apa.

"Umm..." mumbled Jimmy, his voice shaking. "I'm...I'm scared. What if I fall again?"

– Umm...- motyogta Jimmy remegő hangon. – Én...én félek. Mi lesz, ha megint elesek?

"Don't worry," reassured his dad. "I'll stay close to catch you if you fall."

– Ne aggódj – nyugtatta az apja. – Melletted leszek, hogy elkaphassalak, ha elesnél.

Jimmy hopped on his bike and began pedaling slowly.

Jimmy felugrott a bicajára és elkezdte lassan tekerni.

When the bike tipped to the right, Jimmy leaned to the left. When the bike tipped to the left, Jimmy leaned to the right.

Amikor a bicikli jobbra dőlt, Jimmy balra hajolt. Amikor a bicikli balra billent, Jimmy jobbra hajolt.

Sometimes he fell down, but he didn't give up – he tried over and over again.

Néha elesett, de nem adta fel. Megpróbálta újra és újra.

Morning after morning they practiced together.

Reggelenként együtt gyakoroltak.

Dad held on while Jimmy wobbled, and eventually the little bunny learned to pedal fast.

Apa segített, míg Jimmy imbolygott és végül a kis nyuszi megtanult gyorsan tekerni.

Then one day Dad let go and Jimmy could ride all by himself without falling even once!

Aztán egy nap Apa elengedte és Jimmy egyedül biciklizett, anélkül, hogy egyszer is elesett volna!

"And I can race too!" exclaimed Jimmy.
– És versenyezhetek is! – kiáltott fel Jimmy.

That day Jimmy raced with brothers.
Aznap Jimmy a testvéreivel versenyzett.

GUESS WHO WON THE RACE?

TALÁLD KI, KI NYERTE MEG A VERSENYT?

www.ingramcontent.com/pod-product-compliance
Lightning Source LLC
Chambersburg PA
CBHW061135070526
44584CB00033B/4332